Conteo

Los biomas de la Tierra

Jennifer Kroll

Créditos de publicación

Rachelle Cracchiolo, M.S.Ed., *Editora comercial*
Conni Medina, M.A.Ed., *Gerente editorial*
Nika Fabienke, Ed.D., *Realizadora de la serie*
June Kikuchi, *Directora de contenido*
Caroline Gasca, M.S.Ed., *Editora*
Michelle Jovin, M.A., *Editora asociada*
Sam Morales, M.A., *Editor asociado*
Lee Aucoin, *Diseñadora gráfica superior*
Sandy Qadamani, *Diseñadora gráfica*

TIME For Kids y el logo TIME For Kids son marcas registradas de TIME Inc. y se usan bajo licencia.

Créditos de imágenes: Todas las imagenes de iStock y/o Shutterstock.

Teacher Created Materials
5301 Oceanus Drive
Huntington Beach, CA 92649-1030
http://www.tcmpub.com
ISBN 978-1-4258-2705-2
© 2018 Teacher Created Materials, Inc.
Printed in China
Nordica.012018.CA21701376

Contenido

3

Un mundo de biomas

Una matraca del desierto anida en un cactus. Una cebra **pasta** en una pradera. En un bosque, un puma se agazapa entre árboles tupidos.

Los desiertos, las praderas y los bosques son biomas.

¿Qué es un bioma?

Un bioma es un tipo de zona. Tiene un cierto **clima** y aspecto. En la Tierra hay biomas terrestres y acuáticos. Lee mientras hacemos una cuenta regresiva po[r] los cinco biomas principales de la Tierra.

Esta matraca del desierto construye un nido.

Este puma caza para comer.

Hogar, dulce hábitat

En los biomas hay hábitats. Son el lugar donde viven las plantas y los animales. Estas plantas y estos animales forman **ecosistemas**. Algunos animales ayudan a las plantas. Algunas plantas ayudan a los animales. Se necesitan unos a otros para vivir.

Número 5: Tundra

El bioma número 5 es la tundra.
¡Brrr! Es un bioma terrestre de clima fr

¿Dónde se encuentra?

Las tundras están cerca de los polos.
Hay partes de Alaska que son tundras.
Casi toda Groenlandia también. Hay
tundras en la cima de algunas montañas
altas. Los inviernos son largos y los
veranos, frescos y cortos.

Las temperaturas en la tundra

¿Puedes leer estos termómetros de
Groenlandia? En el de la izquierda se observa
cuánto calor hace en el verano. En el de la
derecha, se ve cuánto frío hace en el invierno.

verano

invierno

Este reno busca pasto y hongos
para comer en la tundra.

Su hogar es la tundra

Es difícil que crezcan árboles en la tundra, pero aun así es el hogar de muchas plantas y animales. Estas **especies** se han **adaptado** al frío.

En algunas partes de la tundra deambulan lobos. Zorros y osos polares también viven allí. Muchas aves anidan allí en el verano.

Ranas congeladas

La rana de bosque también vive en la tundra. En el invierno, se congela. Su corazón se detiene. La sangre no fluye. En la primavera, ¡se descongela y se aleja saltando!

Los osos polares usan sus capas de grasa y piel para mantenerse calientes en la helada tundra.

9

Número 4: Pradera

Unas aves levantan vuelo entre los pastizales. Brotan flores. Los bisontes pastan.

Bienvenido a la pradera. Este espacio natural es el siguiente bioma de nuestra cuenta regresiva.

La lluvia en la pradera

La pradera tiene un clima **templado**. No es muy húmeda, pero tampoco es demasiado seca. Puede llover unas 30 pulgadas (75 centímetros) por año.

En la sabana viven grandes pájaros secretario. ¡Miden más de 4 pies (1 metro) de altura!

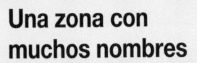

Una zona con muchos nombres

Si estás en Norteamérica, escucharás que llaman "pastizal" a la pradera. Dirígete al sur y lo llamarán "pampa". En África también tienen su nombre propio. La llaman "sabana".

Los bisontes pesan más de 1,000 libras (450 kilogramos).

La pradera y las personas

En la pradera, las personas establecen granjas. Quitan las plantas. Exterminan los insectos. Todo esto cambia el ecosistema.

Las praderas naturales

Algunas praderas no han cambiado. El Serengueti se encuentra en África. Aún es una zona natural. Es el hogar de leones y cebras.

En esta pirámide alimenticia del Serengueti se observan algunos animales y lo que comen.

águila rapaz

hiena   guepardo

pangolín   mangosta   cerdo hormiguero

langosta   ñu   gacela   hormiga cosechadora

acacia   pasto estrella   avena roja

En el Parque Nacional Serengueti viven casi un millón de cebras.

Número 3: Desierto

El sol de la tarde le da de lleno a la arena. Reina el silencio. El desierto duerme.

Por la noche, el bioma del desierto cobra vida. La temperatura baja. Y los animales se empiezan a despertar.

El bioma más seco

Hay desiertos en los siete **continentes**. Los desiertos son muy secos. En algunos llueve menos de una pulgada por año.

Esta víbora cornuda del Sahara sube a una planta para alejarse del suelo caliente.

En el desierto Rub al Jali en Asia se encuentran algunas de las dunas más bellas del mundo.

Observa el siguiente gráfico de barras. ¿En qué bioma llueve menos?

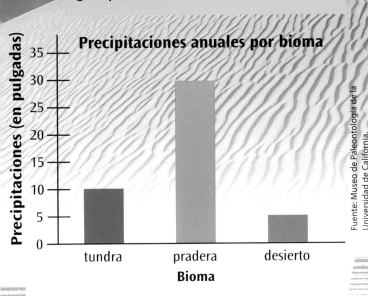

Precipitaciones anuales por bioma

Precipitaciones (en pulgadas)

35
30
25
20
15
10
5
0

tundra   pradera   desierto

Bioma

Fuente: Museo de Paleontología de la Universidad de California.

Almacenar agua

¿Cómo viven las plantas del desierto en un lugar tan seco? Muchas son **suculentas**. Eso significa que las plantas almacenan agua. Los cactus son un tipo de suculenta.

Mantenerse frescos

Los animales del desierto tienen trucos para mantenerse frescos. Las ratas canguro permanecen bajo tierra durante el día. Las ardillas terrestres usan la cola para darse sombra. Las lagartijas cambian la pata de apoyo para evitar la arena caliente.

¿No hay agua?
No hay problema.

Los camellos viven en el desierto. Se han adaptado a su hábitat. Pueden extraer agua de las plantas que comen. Pueden estar siete meses sin beber.

tos cactus recogen y macenan agua cada z que llueve.

Número 2: Bosque

Hay árboles verdes hasta donde llega la vista. El bosque es el siguiente bioma de nuestra cuenta regresiva.

Los bosques cubren una gran parte de la Tierra. Existen tres tipos principales de bosques.

Bosque boreal

Se halla en el frío del norte. Está lleno de abetos, pinos y píceas. La nieve derretida proporciona agua a los árboles.

Estas píceas son comunes en los bosques boreales.

El bosque del Parque Nacional Jasper en Canadá está cubierto de abetos.

Bosque templado

Un bosque templado es frío en invierno y cálido en verano. Tiene muchos árboles de hoja caduca. Estos árboles pierden sus hojas en otoño.

Bosque tropical

El bosque tropical es el hábitat de la selva tropical. Es cálido y húmedo. Hay muchos árboles altos. Estos árboles no permiten que entre demasiada luz. Los bosques tropicales pueden ser oscuros, incluso durante el día.

Las hojas de los árboles de hoja caduca se vuelven anaranjadas y rojas antes de caer.

Las hojas de los árboles gigantes evitan que pase la luz y el calor a los bosques tropicales.

Llenas de vida

Las selvas tropicales solo cubren una parte pequeña de la Tierra. Sin embargo, albergan casi la mitad de todas las especies de plantas y animales.

Número 1: Océano

El bioma número uno de la Tierra es el océano. La mayor parte de nuestro planeta está cubierta de agua. Por este motivo, lidera nuestra cuenta regresiva.

Mundo marino

Desde arriba, un océano puede parecer tranquilo, pero está lleno de vida. Allí viven casi dos millones de especies de plantas y animales. Algunas habitan las profundidades. Allí es muy oscuro. Algunos peces de las profundidades brillan en la oscuridad. Otros tienen luces en la cabeza que guían su camino.

¡El pez cirujano puede medir hasta 20 pulgadas (50 centímetros) de largo!

Las medusas usan su brillo para sorprender y ahuyentar a otros animales.

Los ecosistemas oceánicos

No viven las mismas especies en toda las partes del océano. Algunas viven cerc de la superficie. Otras se encuentran en el lecho oceánico. Cada parte del océano tiene su propio ecosistema.

Los arrecifes de coral

Un arrecife de coral es un tipo de ecosistema oceánico. Los corales son pequeños animales. Se aferran a las rocas en grupo. Se quedan allí hasta que mueren. Luego más corales les crecen encima. Estos grupos forman coloridos arrecifes de coral. Allí viven muchas especies.

Este pequeño caballito de mar vive en un arrecife de coral.

La Gran Barrera de Coral

La Gran Barrera de Coral se encuentra frente a la costa de Australia. ¡Es enorme! ¡Tiene el tamaño de 70 millones de estadios de fútbol!

Vivir en un bioma

Hay tundras, praderas, desiertos, bosques y océanos. En cada bioma viven muchas especies distintas. Estos seres vivos se han adaptado a vivir allí.

¿Cuál es tu bioma?

Tú también habitas un bioma. Sal y mira alrededor. ¿Vives en un desierto? ¿O en una pradera? ¿Será un bosque templado? Aprende algo más sobre el bioma que es tu hogar.

Los tucanes viven en las selvas tropicales.
Este tucán toco es fácil de divisar por su
pico de color anaranjado brillante.

Glosario

adaptado: que ha desarrollado características que le sirven para aclimatarse o sobrevivir

clima: el tiempo habitual de una zona

continentes: las siete grandes masas de tierra del planeta

ecosistemas: comunidades de plantas y animales

especies: ciertos tipos de plantas o animales

pasta: come pasto o hierba

suculentas: plantas con hojas o tallos gruesos que sirven para almacenar agua

templado: ni muy cálido ni muy frío